BEI GRIN MACHT SICH IHR WISSEN BEZAHLT

AF139955

- Wir veröffentlichen Ihre Hausarbeit, Bachelor- und Masterarbeit

- Ihr eigenes eBook und Buch - weltweit in allen wichtigen Shops

- Verdienen Sie an jedem Verkauf

Jetzt bei www.GRIN.com hochladen und kostenlos publizieren

Bibliografische Information der Deutschen Nationalbibliothek:

Die Deutsche Bibliothek verzeichnet diese Publikation in der Deutschen National-
bibliografie; detaillierte bibliografische Daten sind im Internet über http://dnb.d-
nb.de/ abrufbar.

Impressum:

Copyright © 2015 GRIN Verlag
Druck und Bindung: Books on Demand GmbH, Norderstedt Germany
ISBN: 9783668946217

Dieses Buch bei GRIN:

https://www.grin.com/document/469423

Lisa-Maria Drost

Die Bedeutung von Tanz für die kindliche Entwicklung

GRIN Verlag

GRIN - Your knowledge has value

Der GRIN Verlag publiziert seit 1998 wissenschaftliche Arbeiten von Studenten, Hochschullehrern und anderen Akademikern als eBook und gedrucktes Buch. Die Verlagswebsite www.grin.com ist die ideale Plattform zur Veröffentlichung von Hausarbeiten, Abschlussarbeiten, wissenschaftlichen Aufsätzen, Dissertationen und Fachbüchern.

Besuchen Sie uns im Internet:

http://www.grin.com/

http://www.facebook.com/grincom

http://www.twitter.com/grin_com

Vorwort

Kinder bewegen sich gerne, egal wann, wo und wie. Dies habe ich im Umgang mit ihnen immer wieder beobachtet. Um diesen kindlichen Bewegungsdrang auszuleben, können Kinder tanzen. Wenn sie z.B. Musik hören, bewegen sie sich meist ganz spontan dazu. Sie können eigenständig neue Bewegungsformen erforschen und ausprobieren.

Ich bin mit vielen Bewegungsmöglichkeiten aufgewachsen. In meiner Wohnumgebung, im Kindergarten, in der Schule und in verschiedenen Vereinen hatte ich die Möglichkeit meinem Bewegungsdrang nachzukommen. Mein Interesse galt vor allem dem Tanzen, dass ich bis heute in einer Tanzgruppen ausübe. Außerdem unterrichte ich selbst eine Flamenco-Tanzgruppe.

Durch das große Interesse am Tanzen sah ich die Möglichkeit meine Facharbeit mit dem Thema Tanzen zu verbinden. Vor allem interessiert mich welche Fähigkeiten und Fertigkeiten durch das Tanzen bei den Kindern gefördert werden kann und wie wichtig dies für die kindliche Entwicklung ist.
Auch möchte ich erfahren, wie die Kinder beim Üben auf das Tanzen reagieren und damit umgehen.
Natürlich möchte ich auch wissen, was ich als Leiterin machen muss, welche Rolle ich für die Kinder beim Tanzen spiele und wie ich die Kinder beim Lernen und Üben von Tänzen unterstützen kann.

Inhaltsverzeichnis

1. Begriffsbestimmungen

Es werden Begriffe für den weiteren Verlauf der Arbeit geklärt. Zuerst der Begriff „Kind", danach folgt der Begriff „Tanz". Im Mittelpunkt steht der Begriff „Kindertanz". Zuletzt folgt der Begriff „Tanzpädagogik".

1.1. Kind

Nach SGB VIII § 7 wird der Begriff „Kind" wie folgt definiert:

„Im Sinne dieses Buches ist Kind, wer noch nicht 14 Jahre alt ist, (...)"[1]

Kinder sind junge Personen. Sie können auch in einzelne Lebensabschnitte zugeordnet werden.

Lebensabschnitte	Alter
Neugeborenes	Geburt bis 3 Monate
Säugling	3 Monate bis 1. Lebensjahr
Kleinkind	1. Lebensjahr bis 3. Lebensjahr
Vorschulkind	4. Lebensjahr bis 7. Lebensjahr
Frühes Schulkindalter	7. Lebensjahr bis 10. Lebensjahr
Vorpubertäre Phase	10. Lebensjahr bis 13. Lebensjahr
Pubertät	11. Lebensjahr bis 15. Lebensjahr

[2]

---

[1] Zitat: Jugendrecht München (2011): SGB VIII § 7 S.18
[2] vgl. Deutscher Turnerbund (2012): S. 17 - 19

1.2. Tanz

Tanz ist sehr vielfältig, deswegen ist der Begriff „Tanz" nicht definierbar. Tanz sind rhythmisch geregelte Körperbewegungen zu Musik.[3] Es ist einer der ältesten Formen menschlichen Ausdrucksstrebens.

Heute wird tanzen in den unterschiedlichsten Formen durchgeführt. Es gibt die klassischen Tanzformen, wie Ballett und Gesellschaftstanz und die modernen Tanzarten, wie Jazztanz, Modern Dance, Stepptanz, Hip Hop und Breakdance.

Da Tanzen in der Gesellschaft viele Funktionen hat, zeigt es auch zwischen den Kulturen Unterschiede. In manchen Kulturen spielt tanzen eine außerordentliche Bedeutung im alltäglichen Leben. Jedoch kann es auch ein Ritual sein, dass Zusammengehörigkeit und Emotionen zeigt. Um einen Lebensabschnitt zu verabschieden, ihn zu feiern und den neuen einzuladen kann ein Ritual zum Tanzen sein. Ebenso kann tanzen einen religiösen Hintergrund haben. Durch Tanzrituale werden Götter geehrt oder um Beistand gebeten, aber auch böse Geister vertrieben oder abgewehrt.[4]

Tanzen kann außerdem eine Sportart sein. Sport fördert den Muskelaufbau, die Motorik, den Gleichgewichtsinn und die Koordination. Es trainiert einerseits die Partien des Körpers und lässt anderseits zusätzlich Raum für die Persönlichkeit des Tanzenden.

Natürlich kann Tanzen auch ein Ausdruck von Gefühlen sein. Wir verbinden uns mit unserem Körper beim Tanzen, nehmen unsere Gefühle wahr und drücken sie aus. Ebenso können Ärger, Freude, Trauer usw. beim Tanzen zum Ausdruck gebracht werden.

Es ist ein multidimensionales Phänomen, das unterschiedliche Funktionen erfüllt. Doch jeder Mensch empfindet Tanz auf unterschiedlicher Weise, da er von seinem individuellen Erleben geprägt wird.[5]

---

[3] vgl. http://www.enzyklo.de/Begriff/Tanz, zuletzt aufgerufen am 18.03.2015
[4] vgl. http://de.wikipedia.org/wiki/Tanz, zuletzt aufgerufen am 06.03.2015
[5] Bergmann, Brigitte (2006): S. 11

1.3. Kindertanz

Für den Begriff „Kindertanz" gibt es ebenfalls keine allgemeine Definition.

„Kindertanz ist die tänzerische und musikalische Früherziehung in jungen Jahren."[6] Die Kinder lernen spielerisch Bewegungsformen zu verschiedenen Rhythmen und Musikrichtungen. Das Bewusstsein für den Umgang mit dem eigenen Körper, den Bewegungen und dem Rhythmus wird geschult. Kindertanz ist auch eine Einheit von Bewegungen, Singen, Sprechen und Spielen. Meist orientiert sich der Kindertanz an einfachen Musikstücken und Kinderlieder.

Kindertanz fördert die Kinder vielfältig. Es fördert die Entwicklung des Kindes, schult die Koordinationsfähigkeit, stärkt die Kontaktaufnahme und das Selbstbewusstsein. Ebenfalls bekommen sie die Möglichkeit ihren Körper bewusst wahrzunehmen und ihre eigene Persönlichkeit auszudrücken. Kindertanz bietet auch die Gelegenheiten soziale Kontakte aufzubauen.

Beim Tanzen mit Kindern gibt es entweder festgelegte Bewegungstechniken oder improvisatorische Teile. Die Kinder können ihre individuelle Bewegungsmöglichkeiten durchführen.[7]

Helmut Segler unterscheidet zwischen „Tänze für Kinder" und „Tänze der Kinder". Bei „Tänze der Kinder" geht es um Formen, die hauptsächlich im Alter von 8 - 12 Jahren ohne Einfluss von Erwachsenen im freien Spiel erfunden und gestaltet werden. Hingegen geht es bei „Tänze für Kinder" um Formen, die von Lehrern und Erziehern erdacht oder ausgesucht worden sind, um einen bestimmten pädagogischen Effekt zu erreichen.[8]

Daher darf man diese Tänze nicht mit denen der Erwachsenen vergleichen oder gleichsetzen. Außerdem gibt es keine nur von Kindern getanzte oder als Kindertänze gewachsene Tänze. Es gibt für Kinder aufbereitete, besonders geeignete Tänze, aber keine herkömmlichen Kindertanzformen. In unserer Gesellschaft ist es die Aufgaben von Institutionen, Kinder an das Tanzen heranzuführen, vor allem Kindergärten und Vereine sind dafür zuständig.

---

[6] Zitat: http://de.wikipedia.org/wiki/Kindertanz, zuletzt aufgerufen am 18.03.2015
[7] vgl. http://www.diplomarbeiten24.de/vorschau/157212.html, zuletzt aufgerufen am 18.03.2015
[8] vgl.
http://www.jstor.org/discover/10.2307/848996?sid=21105397291631&uid=70&uid=3737864&uid=4&uid=2129&uid=2, zuletzt aufgerufen am 24.02.2015

1.4. Tanzpädagogik

Für die Tanzpädagogik ist keine exakte Begriffsbestimmung möglich.

Die Tanzpädagogik ist ein Sonderbereich der Pädagogik. Die Kinder entwickeln pädagogische wertvolle Kompetenzen auf tänzerischer Basis. Das methodisch-didaktisch angeleitetes Tanzen richtet sich darauf, die Entwicklung verschiedenster Fähigkeiten und Fertigkeiten zu fördern.[9] Daher ist eine kindgerechte Tanzerziehung von Anfang an erforderlich, um die kindliche Entwicklung nicht zu gefährden. Die Tanzpädagogik ist ein zielgerichtetes Handeln und dient als Entwicklungshilfe bei Kindern.[10] Im Vordergrund steht das Erfahren von Körperbewusstsein und das Lernen von Tanzbewegungen.

Ebenso bezieht die Tanzpädagogik die Neigungen und Bedürfnisse der Kinder mit ein. Sie können dann durch Zufriedenheit und Selbstsicherheit eine positive Lebenseinstellung entwickeln und dies kann sich auf ihr gesamtes Lern- und Leistungsverhalten übertragen.

Die Tanzpädagogik wird in allgemeinen bildenden Institutionen, wie Kindergarten, Schule und Vereine eingesetzt.

2. Geschichtlicher Hintergrund von Tanz

Es gibt keine „Geschichte des Tanzes", denn jede Kultur hat im Laufe der Zeit ihre eigenen Tänze mit eigenen Hintergründen. Jedoch steht fest, dass der Tanz die älteste und ursprünglichste Kunst ist, denn der Mensch drückte seine Lebenserfahrungen schon früher mit dem Körper aus.

Die Tänze spielten im Leben eine bedeutende Rolle und waren somit eng mit ihrem Leben verbunden. Sie erlebten ihre Zusammengehörigkeit und schöpften Kraft für die Jagd oder Kriegsvorbereitungen. Ebenso artikulierten sie ihre Gefühle, Wünsche und Ängste mit dem Tanzen. Der Tanz diente auch zur Kommunikation.[11]

---

[9] vgl. http://www.fachzeitungen.de/ebook-der-altersgerechte-einstieg-die-welt-des-tanzes-im-und-grundschulalter, zuletzt aufgerufen am 06.03.2015
[10] Bergmann, Brigitte (2006): Lernen S. 56
[11] vgl. http://www.grin.com/de/e-book/128766/gegenstand-tanz, zuletzt aufgerufen am 06.03.2015

3. Die Dimensionen des Kindertanzes

Jede Bewegung wird bestimmt durch den Raum, in der sie sich vollzieht, durch die Zeit, die ihren Verlauf gliedert und durch die Dynamik, den Krafteinsatz, durch den die Bewegung entsteht.

2.1 Raum

Der Raum ist eine wichtige Voraussetzung für jeden Tanz. Je nach Größe des Raums ermöglicht er eine Vielfalt an Bewegungen. Durch unterschiedliche Bewegungen und Wege kann der gesamte Raum genutzt und erlebt werden.

Bei der räumlichen Beschreibung einer Bewegung kann man unterschieden zwischen der Richtung, dem Ausmaß/Raumdimensionen, der Stellung, der Ebene, der Blickrichtung, der Raumwege und der Gruppierungsformen.[12]

Es gibt sechs Richtungen: vorwärts - rückwärts, aufwärts - abwärts, rechts - links, Drehungrichtungen einwärts - auswärts und die Diagonalen.

Das Ausmaß/Raumdimensionen sind weit - eng, groß - klein, hoch - tief und breit - schmal.

Bei der Stellung ist die Position im Raum mit gemeint, also liegen, sitzen, knien, stehen und hocken.

Die Ebene ist durch die Lage des Schwerpunkts bestimmt. Ein tiefgelagerten Schwerpunkt entsteht, wenn die Knie gebeugt sind - tief. Der Schwerpunkt wie beim normalen Gehen entsteht, wenn man auf der ganzen Sohle steht - mittel. Ein hochverlagerter Schwerpunkt entsteht, wenn man auf dem Ballen steht und die Beine gestreckt sind - hoch.

Bei der Blickrichtung ist der Focus entscheidend. Er kann gleichbleibend in der Bewegungsrichtung sein, gleichbleibend in einer der Bewegungsrichtung entgegengesetzten Richtung sein oder auch wechselnd zwischen oben und unten oder rechts und links sein.

Bei den Raumwegen gibt es nur zwei Möglichkeiten, entweder gradlinig oder kurvig. Gradlinig kann z.B. von rechts nach links oder von vorne nach hinten sein, aber auch wenn man ein Viereck oder ein Dreieck geht. Kurvig kann z.B. ein Kreis, eine Schlange, eine Spirale oder eine Acht sein.

---

[12] vgl. Haselbach, Barbara (1978): S. 67

Auch die Gruppierungsformen sind veränderbar. Dies kann eine Aufstellung im Kreis, in einer Kette oder in einer Reihe sein.

2.2 Zeit

Die Dauer von Tönen, Klängen und Bewegungsabläufen wird von der Zeit geordnet und gestaltet. Die Zeit kann auch durch Gesten und Körperbewegungen gestreckt und verlängert werden, indem sie langsam und gedehnt ausgeführt werden. Auch die Pausen zählen dazu. Sie entfaltet Energie und trägt zur Spannung bei. Dadurch wird die Aufmerksamkeit auf sie gelenkt.

Die Bewegung kann unter verschiedenen zeitlichen Aspekten gesehen werden.

Die Variationen des Tempos spielen eine Rolle, ob der Tänzer schnelle, langsame oder mittelschnelle Bewegungen durchführt. Diese Bewegungen des Tänzers sind von der Musik und vom Partner oder der Gruppe abhängig. Durch die unterschiedlichen Tempi werden Tänze meist interessant.

Auch die Rhythmitisierung ist ein Aspekt der Zeit. Damit ist die Übereinstimmung der Bewegung mit dem Rhythmus der begleitenden Musik gemeint.

Das Durchführen von Bewegungsabläufen gleichzeitig oder nacheinander bei Partner - oder Gruppentänzen gehört auch dazu.

Die Bewegung ist durch die Taktart veränderbar. Durch den Taktwechsel können kontrastreiche und besonders reizvolle Bewegungsverbindungen entstehen.[13]

2.3 Dynamik

Die Dynamik ist der Kraftimpuls, der den ganzen Körper oder Teilkörperbereiche bewegt. Sie wird von dem Tänzer selbst bestimmt. Es kann aber auch die Kraft sein, die bewegungslos muskuläre Spannung aufbaut und sie kann innere Spannungszustände bewirken. Die tänzerische Bewegungen können mit minimaler, mit wenig oder viel Kraft ausgeführt werden. Beim Tanzen mit einem Luftballon braucht man kaum körperlichen Krafteinsatz, jedoch mehr muskuläre Spannung, da dies viel Konzentration erfordert. Beim freien Tanzen zur schnellen Popmusik benötigt man einen höheren körperlichen Krafteinsatz, jedoch wenig muskuläre Spannung.[14]

---

[13] vgl. Haselbach, Barbara (1978): S. 74
[14] vgl. Haselbach, Barbara (1978): S. 75

Der plötzliche Spannungswechsel, der kontinuierlicher Spannungswechsel (crescendo oder decrescendo) und die regelmäßige oder unregelmäßige Akzentsetzung zählen zur Dynamik.

2.4 Form

Die Form ist ebenso wichtig beim Tanzen. Hier zählt der Schwierigkeitsgrad der Elemente hinein, z.B. die Schwierigkeit bei Drehungen, Schrittfolgen, Sprünge usw. Aber auch die Originalität der Bewegungsideen und die Fassung zwischen Musik und dem Thema.

Die Aufstellung ist ein weiterer Aspekt. Man unterscheidet, ob die Tänzer in einer Reihe, im Kreis, nebeneinander, hintereinander usw. tanzen.

Der Einsatz vom Körper zählt auch zu der Form, also ob der Körper nur teilweise eingesetzt wird oder ob er ganz eingesetzt wird. [15]

3. Die verschiedene Tanzarten für Kinder

Da das Tanzspektrum sehr groß ist, ist keine allgemeine Einteilung möglich. Tänze werden zu unterschiedlichen Anlässen und auch auf verschiedenen Arten getanzt. Ich habe mich entschieden die Tänze in folgende Kriterien zu ordnen: Tänze zu verschiedenen Altersgruppen, Tänze zu verschiedenen Raumformen und Tänze zu verschiedenen Sozialformen.

Alle Menschen können tanzen auch kleine Kinder. Bei kleinen Kindern ist es sinnvoll Volkstänze zu tanzen. Volkstänze tanzt man überall auf der Welt. Das tänzerische Material ist trotz seiner landeseigenen Charakteristik international. Mit kleinen Kindern kann man die Volkstänze tanzen, indem man sie vereinfacht.

Aber auch größere Kinder tanzen sehr gerne. Sehr beliebt ist der Jazztanz, Gesellschaftstanz und Ballett. Natürlich gibt es noch mehr Tänze, die die größeren Kinder tanzen können.

Tänze kann man in verschiedenen Raumformen tanzen.[16] Sehr beliebt sind die Kreistänze. Ein Kreistanz ist ein Tanz mit kreisförmiger Aufstellung der Kinder.

---

[15] vgl. http://www.studienseminar-paderborn.de/plaintext/downloads/trillingexpress.pdf, zuletzt aufgerufen am 26.02.2015
[16] vgl. http://www.muenster.de/~hoermann/DemoFP1/Systematik.htm, zuletzt aufgerufen am 18.03.2015

Es gibt auch noch den Reihentanz. Die Kinder stehen dabei nebeneinander in einer Reihe.

Auch gibt es Kettentänze. Hier stehen die Kinder hintereinander.

Ebenso gibt es noch Tänze, die in der Gasse getanzt werden. Die Kinder stehen gegenüber.

Es gibt Tänze zu verschiedenen Sozialformen.

Kinder tanzen alleine, ohne andere Kinder oder Erwachsenen.

Aber die Kinder können auch zu zweit als Paar tanzen. Beim Paartanz findet ein abgestimmtes Zusammenspiel zwischen zwei Personen statt. Eigentlich tanzen dann Jungen und Mädchen zusammen, doch Kinder tanzen oft gerne mit gleichgeschlechtlichen Partnern, also Mädchen mit Mädchen und Junge mit Junge. [17] Natürlich können die Kinder auch gemeinsam in einer Gruppe tanzen. Beim Gruppentanz tanzen drei oder mehr Personen gemeinsam. Es tanzen Mädchen und Jungen zusammen oder auch nur Mädchen oder nur Jungen. Hier findet ein abgestimmtes Zusammenspiel zwischen mehreren Personen statt.[18]

Ich finde es sinnvoll im Kindergarten mit Kindern verschiedene Tänze zu tanzen. Wichtig finde ich dabei die verschiedenen Raumformen und auch Sozialformen zu beachten und mit einzubringen. Denn so lernen die Kinder, dass man Tänze auch verschieden tanzen kann.

---

[17] vgl. http://de.wikipedia.org/wiki/Paartanz, zuletzt aufgerufen am 06.03.2015
[18] vgl. http://de.wikipedia.org/wiki/Gruppentanz, zuletzt aufgerufen am 06.03.2015

4. Die Bedeutung von Tanz im Bezug zum Orientierungsplan für:

Den ganzen Körper tanzen lassen, nicht nur ein Teil, denn Tanzen ist ganzheitlich. Kindertanz bietet eine Vielfalt von positiven Konsequenzen für die kindliche Entwicklung.

4.1 den Körper

Das Tanzen fördert vor allem den ganzen motorischen Bereich der Kinder.

Es soll der Haltungsaufbau und die Haltungskorrektur verbessert werden, die durch Lockern-Dehnen-Kräftigen und durch Arbeit an den Grundfunktionen erreicht werden sollen. Die Entwicklung und Differenzierung der Motorik ist ebenso wichtig. Diese soll durch das Schulen der Bewegungsformen erreicht werden.

Die Muskulatur wird gelockert, gedehnt und gekräftigt und auch die Gelenke werden gebeugt und gestreckt. Daher werden mehrere Muskelgruppen, vor allem die der Arme und der Beine, aber auch im Rücken- und Bauchbereich spielerisch aufgebaut.

Durch den Einsatz des eigenen Körpers und seinen Bewegungsmöglichkeiten, erhält das Kind Bewegungserfahrungen und regt zum Nachdenken über den Körper und den Bewegungen an. Die Kinder lernen verschiedene Ausdrucksmöglichkeiten des eigenen Körpers kennen und entwickeln dadurch Körpergefühl und Körperbewusstsein. Durch ein sich gut entwickelndes Körperbewusstsein werden die Bewegungen der Tänzer sicherer und gezielter umgesetzt. Dies fördert das Selbstbewusstsein des Kindes.

Es werden zahlreiche Bewegungsabläufe trainiert und die Kinder verändern und erfinden eigene Bewegungsformen.

Die koordinativen Fähigkeiten werden verbessert, wie die Rhytmisierungsfähigkeit, Reaktionsfähigkeit, Orientierungsfähigkeit, Kopplungsfähigkeit usw. Die Fähigkeit zu Bewegungskoordiantion beim Gehen, Laufen, Schwingen und Springen wird beim Tanzen herausgefordert. Die konditionellen Fähigkeiten, wie Kraft, Ausdauer, Beweglichkeit und Schnelligkeit werden ebenfalls verbessert.

Das körperliche Wohlbefinden und die Gesundheit spielt beim Tanzen auch eine große Rolle. Da die Bewegung ein Bindeglied zwischen geistigen und körperlichen Prozessen ist. Die Bewegung erhält den Menschen gesund und durch das Tanzen wird die Atmung und der Kreislauf gestärkt.[19]

---

[19] vgl. Van Doorn-Last, Femke (1985): S. 18 f

4.2 die Sinne

Beim Tanzen werden die unterschiedliche Sinne angeregt.

Der kinetische Sinn, der visuelle Sinn, der Gleichgewichtssinn, der akustische Sinn und der taktile Sinn wird beim Tanzen geschult.

Der kinetische Sinn gibt Auskunft über den Spannungszustand von Muskeln und Sehnen und orientiert über Gelenkstellungen. Die Kinder lernen zu fühlen, ob der Körper oder einzelne Körperteile locker oder angespannt sind und in welcher Lage sie sich befinden.

Den visuelle Sinn brauchen die Kinder um den Raum zu erkennen, indem sie sich bewegen sollen, aber auch den Partner oder die Gruppe zu finden, denen sie sich beim Tanzen zu wenden. Mit dem visuellen Sinn können die Kinder andere beobachten und auch Linien und Formen erkennen und verfolgen.

Die Kinder benötigen den Gleichgewichtssinn beim Tanzen um Richtungen wahrzunehmen und um die Wahrnehmung von Geschwindigkeiten zu verstärken.

Beim akustischen Sinn hören die Kinder auf vielfältige Geräusche, die sie unterscheiden und benennen können. Sie lernen Tonhöhe, Tondauer, Tonstärke und Klangfarben kennen. Die Kinder konzentrieren sich auf akustische Eindrücke, die sie hören.

Der taktile Sinn ist das Berühren vom Boden oder anderen Teilen des Raumes gemeint. Dies kann mit Geräten, dem eigenen Körper und mit dem Partner erfahren werden. Die Kinder lernen durch das Fühlen die Temperatur, die Form und die Konsistenz kennen. Dabei wird der taktile Sinn sensibilisiert.[20]

Außerdem lernen die Kinder auf Sinneseindrücke mit Bewegung, Stimme und Sprache zu reagieren. Sie machen sich die Sinneseindrücke bewusst, wie zeitliche (schnell - langsam) und dynamische (kurz - lang) Unterschiede in Musik und Bewegung oder auch räumliche (vorwärts - rückwärts, links -rechts) Unterschiede. Die Sinneseindrücke werden im Gedächtnis behalten. Zum Beispiel akustische Eindrücke, wie Text und Melodie oder optische Eindrücke, wie Bewegungen nachahmen und richtig zum Text ausführen.

---

[20] vgl. Haselbach, Barbara (1978): S. 29 f

4.3 die Sprache

Zu den Kindertänzen gehören Reime, Verse, Sprüche und Lieder. Der Inhalt, der Sprachklang oder der Rhythmus ist anregend für die tänzerische Verwendung.[21] Die Kinder begreifen und erfahren daher Begriffe der allgemeinen Sprache. Es sind Begriffe, die sich auf Musik, Bewegung, Tanz, Raum und Zeit beziehen. Dazu kommen Bezeichnungen, die einzelne Bewegungen charakterisieren, zum Beispiel kurvig, gerade, rund, hoch, tief, auf, neben, gegeneinander, nacheinander, gleichzeitig usw.[22] Der Wortschatz der Kinder wird erweitert und die Artikulation wird geübt. Außerdem müssen die Kinder miteinander kommunizieren, wenn es Probleme oder Konflikte gibt. Sie müssen dann gemeinsam nach einer Lösung suchen.[23] Aber auch beim Diskutieren von Beschlüssen und Argumenten müssen die Kinder sich beraten. Die Kinder bringen ihre eigenen Ideen beim Tanzen mit ein. Sie sollen ihre Vorschläge und Ideen darstellen und begründen können. Die Fähigkeit zum Zuhören, Verstehen und Weitergeben gehört dazu, ebenso das Anwenden und Verstehen von Gestik und Mimik.

4.4 das Denken

In der kognitiven Hinsicht enthält der Tanz ein hohes Entwicklungspotenzial in sich. Es wird die Konzentrations- und Merkfähigkeit der Kinder geschult. Indem das Kind Tänze auswendig lernt, zum Beispiel Schritte, Raumwege, Kopfbewegungen usw. Das Kind gewinnt einen Überblick über Variationsmöglichkeiten der Bewegungsformen. Die Aufmerksamkeit muss aber auch auf die unerwartete Reaktion eines Partners oder auf die verschiedene Eigenschaften der musikalischen Begleitung (Tonhöhe, Tondauer, Lautstärke) gerichtet sein. Das Kind lernt Zeitabstände zu unterscheiden, wenn das Kind verschiedene Rhythmen einstudiert.[24] Es wird dadurch die Vorstellung von Zeiteinteilung gefördert. Beim Tanzen wird die Vorstellungs- und Gestaltungsfähigkeit und die Lernfähigkeit gefördert. Durch Improvisation wird die Fantasie und die Kreativität herausgefordert. Sie lernen neue Begriffe kennen und das abstrakte Denken wird angeregt. Die Reaktion wird geschult, indem Übungen auf akustische und visuelle Zeichen ausgelegt werden und die Kinder auf den Reiz mit Bewegungen antworten. Das Gedächtnis wird

---

[21] vgl. Haselbach, Barbara (1978): S. 46
[22] vgl. Haselbach, Barbara (1978): S. 33
[23] vgl. Braun, Daniela (2000): S. 32
[24] vgl. Haselbach, Barbara (1978): S. 31 f

angesprochen, da Kinder Informationen aufnehmen , verstehen, sich einprägen und dann wieder in ihrem Erinnerungsvermögen aktivieren können.

Durch die Erfolge beim Tanzen entwickelt sich das Selbstbewusstsein und die Kinder lernen ein natürliches und sicheres Auftreten.

Natürlich verarbeiten die Kinder ihre Alltagserlebnisse aus dem Kindergarten oder Zuhause mit Tanzen.

Die allgemeine kulturelle Erziehung spielt ebenso eine Rolle. Die Kinder entwickeln Interesse für andere Völker oder Länder und erhalten Informationen über sie. Sie erhalten einen Einblick in andere Kulturen, sowie auch in die eigene Kultur. Sie können diese dadurch besser verstehen und begreifen.

Ebenso ist die musikalische Erziehung ein Bestandteil beim Tanzen. Das Takt- und Rhythmusgefühl wird trainiert und die musikalische Bildung wird erweitert. Sie entwickeln auch ein Bewusstsein von melodischen Formen.[25]

4.5   das Gefühl und Mitgefühl

Beim gemeinsamen Tanzen mit anderen Kindern gibt es viele Gelegenheiten, soziales Verhalten zu entwickeln. Die Kinder kommen mit anderen Kindern in Kontakt, dadurch können Konflikte und Probleme auftreten, diese müssen sie bewältigen und Lösungen finden. Oft müssen sie lernen Kompromisse einzugehen. Sie machen Erfahrungen mit Konkurrenz- und Rivalitätsgefühlen. Diese Gefühle müssen sie lernen abzubauen. Toleranz und Rücksichtnahme lernen die Kinder kennen. Sie lernen die Leistungen anderer kennen und akzeptieren diese. Mit den Schwächen von anderen lernen sie rücksichtsvoll umzugehen und auch das tolerieren der Wünsche und Bedürfnisse der anderen. Sie müssen ebenso darauf achten, dass sie andere Kinder nicht behindern und stören, aber trotzdem Raum für ihre eigene Übungen finden. Beim Tanzen üben die Kinder auch die Kontakt- und Kooperationsfähigkeit. Sie nehmen Beziehungen zu anderen auf bei Partner- und Gruppenübungen. Die Kinder tauschen Ideen aus und sind bereit, die Ideen anderer zu akzeptieren und auch ihre eigenen Ideen weiterzugeben.[26]

Natürlich entwickeln die Kinder beim Tanzen auch Einfühlungsvermögen. Dies ist sehr wichtig, da sie sich in die Rolle des anderen hineinversetzen und die Gefühle des anderen entdecken, beachten und respektieren. Ebenso entwickeln sie

---

[25] vgl. Van Doorn-Last, Femke (1985): S. 18
[26] vgl. Braun, Daniela (2000): S. 36 f

Frustrationstoleranz. Die Kinder erleben, dass nicht immer alles sofort gelingt und dass trotz der eigenen Fähigkeiten auch die Schwächen anzunehmen sind. Aber durch das Zurückstellen und Verschieben ihrer eigenen Bedürfnissen und Wünschen zugunsten anderer entwickeln die Kinder Frustrationstoleranz.

Das Tanzen ermöglicht den Kindern sich auf neue Weise mit sozialen Kontakten auseinanderzusetzen.

Tanz ist auch ein geeignetes Mittel, eigenen Gefühlen einen Ausdruck zu geben. Sie lernen auf spielerische Weise ihren Gefühlen tänzerischen Ausdruck zu geben.

Die Kinder erleben Freude an Musik und Bewegung und auch an Kooperation und gemeinsames Tun. Das Gefühl von Selbstsicherheit und Selbstbewusstsein wird beim Tanzen sehr zum Ausdruck gebracht.

4.6   den Sinn, Werte, Religion

Die Kinder lernen, dass es unterschiedliche Religionen gibt. Denn in vielen Religionen der Welt ist der Tanz Teil des rituellen Lebens.

Manche suchen im ekstatischen Tanz die Nähe zu Gott, zum Beispiel Hindus und Moslems. Im klassischen indischen Tanz stellt der Tanz eine heilige Handlung dar, jede Bewegung hat eine bestimmte Bedeutung. Die Naturvölkern nehmen mit bestimmten Tanzrituale Kontakt zu Geistern oder unbekannten Göttern auf. Im Christentum gibt es keine Tänze.[27]

Kinder begegnen der Welt grundsätzlich offen. Sie erleben religiöse Feste, symbolische Handlungen, Ausdrucksformen und religiöse Geschichten.

Die Kinder treffen im Kindergarten, in der Schule und auch in Vereinen auf andere Kinder mit anderen Nationalitäten und Religionen.

„Sie lernen mit einer Vielgestaltigkeit zu leben, das heißt so wohl Gemeinsamkeiten als auch Unterschiede differenziert zu entdecken, wahrzunehmen und zu wertschätzen".[28]

---

[27] vgl. https://mein.sanofi.de/Themen/Mensch-und-Gesundheit/Bewegung/Bewegung-Tanz-und-Religion, zuletzt aufgerufen am 06.03.2015
[28] Zitat: http://www.kultusportal-bw.de/KINDERGAERTEN-BW,Lde/Startseite/Orientierungsplan/Sinn_+Werte+und+Religion, zuletzt aufgerufen am 24.03.2015

5. Rolle des Leiters beim Tanzen

Der Leiter braucht keine tänzerische Ausbildung um mit Kindern tanzen zu können. Er sollte ein paar Vorkenntnisse und technische Fähigkeiten haben, um zusammen mit den Kindern das Tanzen entdecken, erleben und erfahren zu können. Außerdem muss er bereit sein, die Bewegungsmöglichkeit des eigenen Körpers zu entdecken. Denn praktische Erfahrungen sind von Vorteil. Dadurch entwickelt sich zum einem ein Repertoire von tänzerischen Bewegungsformen und zum anderen entwickelt und entdeckt der Leiter seine eigene Körperausdrucksformen. Der Leiter kann durch seine eigenen Erfahrungen eine positive Einstellung entwickeln. Meist beeinflusst diese positive Einstellung die eigene Persönlichkeitsentwicklung. Die Begeisterung zum Tanz ist nämlich sehr wichtig. Denn man kann nur etwas mit Begeisterung vermitteln, wenn man selbst davon begeistert ist. So wird der Leiter zu einem guten Vorbild. Denn wenn er die Bewegungen und Tänze selbstsicher vormacht und vorlebt, ohne Einschränkungen durch genormte Bewegungen und ohne Scheu sich frei zu bewegen, motiviert dies die Kinder. Die Kinder verlieren dann auch ihre Ängste, Unsicherheiten und Hemmungen und lassen sich auf das Tanzen ein. Er sollte ein Vorbild im Tragen einer bequemen Sportkleidung sein. Bequeme Kleidung trägt zum freien Bewegung bei.

Voraussetzung für das Tanzen mit den Kindern ist natürlich der gute Kontakt zu den Kindern. Der Leiter sollte auf die Entwicklungsstufen der jeweiligen Kinder achten und Rücksicht nehmen, sodass die Kinder nicht überfordert, aber auch nicht unterfordert werden. Wichtig ist es, die Kinder immer wieder zu loben und zu ermutigen, wenn etwas nicht gleich gelingt. Dies stärkt das Selbstbewusstsein der Kinder. Auch wenn Kinder Bewegungsfehler machen, ist es wichtig dass er die Kinder nicht ständig kritisiert, dies nimmt die Motivation der Kinder. Wichtig ist auch, dass eine entspannte und ruhige Atmosphäre geschaffen wird, dies erleichtert das Tanzen.[29]

Der Leiter ist der Begleiter des Tanzens. Er beobachtet das Ganze und beachtet dabei Bedürfnisse, Wünsche und Vorschläge. Er nimmt Rücksicht auf die Stimmungen und Reaktionen der Kinder. Seine Aufgabe ist es die individuellen Bewegungen der Kinder zu respektieren, sie zu bestärken und zu ermutigen, evtl. Hilfestellungen zu geben und ihre eigenen Fähigkeiten zu akzeptieren.

Der Leiter sollte in den Methoden variabel und flexibel sein, damit er in kein starres Schema fällt und den Kindern es nicht zu langweilig wird. Die Übungen sollten daher

---

[29] vgl. Maruhn, Heinz (1988):. S. 10f

abwechslungsreich sein, denn dann ist es für die Kinder länger interessant und sie können sich auch länger konzentrieren.[30]

Sehr wichtig ist, dass der Leiter über viel Geduld, Vertrauen und Einfühlungsvermögen verfügt. Die Fähigkeit sich in die Kinder hineinzuversetzen, wenn etwas nicht gelingt und die Kinder frustriert sind. Deswegen sollte er den Kindern genug Zeit lassen, die ein langsames Lerntempo haben und sie nicht unter Druck setzen. Begabungen und Probleme der Gruppenmitglieder soll er rechtzeitig erkennen können.

Im Tanzunterricht ist auf die Gruppenstärke zu achten. Die Gruppe sollte nicht zu groß sein, damit sie noch überschaubar ist. Im Kindergarten sollten es ca. 10 - 12 Kinder sein. Da meist im Kindergarten mehr Kinder in einer Gruppe sind, kann der Leiter die Gruppe teilen, indem zum Beispiel die Kollegin die andere Hälfte der Gruppe übernimmt. Der Leiter sollte sich im Vorfeld über die Gruppe gut informieren. Zum Beispiel sin es homogene oder heterogene Gruppen?, wie alt sind die Kinder? und haben sie schon Erfahrungen mit Bewegung, Musik oder Tanzen?.

Ein weiterer Gesichtspunkt ist der Raum, indem die Übungsstunde stattfindet. Der Leiter informiert sich, zum Beispiel über die Größe des Raums, die Beschaffenheit des Bodens und die Akustik in dem Raum. Er sollte sich auf die Übungsstunden vorbereiten. Er sollte den Ablauf der Übungen musikalisch richtig beherrschen. Dazu gehört zum Beispiel auch das Lüften, das Bereitstellen von Materialien und des CD-Players. [31]

Während den Stunden sollte der Leiter am Anfang die Übungen vor und mit machen. Außerdem sollte der Leiter jede Bewegung mit einprägsamen bildhaften Wörtern beschreiben, dies unterstützt das Gedächtnis der Kinder. Während den Übungsstunden sollte er diese Begriffe immer wieder verwenden.

Der Leiter kann zum Tanzen auch Geräte anbieten, die die Bewegung fördern und anregen, wie Luftballons, Tücher, Reifen usw. Man sollte aber darauf achten, dass nicht zu viele Geräte benutzt werden, dies kann zur Überforderung kommen.

---

[30] vgl. Braun, Daniela (2000): S. 41-43
[31] vgl. Landessportbund Nordrhein-Westfalen (2001): S. 38 ff

6. Projekt: „Die Welt tanzt"

Ich habe mich für das Projekt „Die Welt tanzt" entschieden. Dieses Projekt kann man im Kindergarten gut umsetzen. Die Kinder lernen unterschiedliche Tänze mit Ländern verknüpft und auch deren Hintergründe kennen.

Ich habe mir die Länder Spanien, Brasilien, Italien und Türkei ausgesucht, da in meiner Einrichtung Kinder aus diesen Ländern kommen. Mit jedem Land beschäftige ich mich drei Monate, also insgesamt geht das Projekt ein Jahr. Ich gehe auf die Tänze, die Kleidung, den Hintergrund ein und auch ob diese für Kinder geeignet sind.

Spanien - Flamenco:

Flamenco wird mit durch den Gesang, das Spiel der Gitarre und den Tanz charakterisiert. Er entstand durch die "Gitanos" (Zigeuner). Sie wurden unterdrückt und verfolgt und drückten ihre Gefühle durch den Gesang und den Tanz aus.

Die Frauen tragen weite Kleider oder Röcke, oft mit dem typischen Tupfenmuster.

Die Männer tragen dunkle Hosen mit breitem Bund, ein Hemd mit weiten Ärmeln und eine Bolerowalte. Dazu werden Schuhe mit Absätze getragen.

Flamenco wird in Gruppen, alleine oder auch als Paar getanzt. Der typische Paartanz ist die Sevillana. Diese gibt es auch in einfacheren Formen, sodass Kinder die Sevillana auch tanzen können. Die Alegría und Bulería werden meist in der Gruppe getanzt. Diese sind fröhliche Tänze und gibt es auch in leichteren Varianten.

Brasilien - Samba:

Samba ist ein afrobrasilianischer Tanz. Es war ursprünglich eine Mischung aus den Rhythmen der westafrikanischen Sklaven mit indianischer und portugiesischer Musik.

Sie entwickelten immer wieder sich daraus neue Rhythmen und Tanzstile.

Die Frauen und Männer haben meist ein Federkostüm an und tragen Kopfschmuck mit Federn. Es gibt verschiedene Samba-Arten. Dazu zählt der Samba-enredo, dieser wird meist bei Karnevalsumzügen getanzt. Da Samba-enredo schnell getanzt wird, ist es schwer mit Kindern dies zu tanzen. Samba de roda wird im Kreis getanzt. Der Kreistanz ist für

Kinder geeignet. Samba Canção wird langsam getanzt und diesen Tanz kann man mit Kindern sehr gut umsetzen.

Italien - Tarantella

Wenn man von einer "Taranta" (Spinne) gebissen wurde, hat man Tarantella meist getanzt. Da der Tanz die Person von dem Gift der Spinne reinigt. Der Tanz galt sozusagen als Therapie. Die Tänzer und Tänzerinnen tragen Trachtenkleider.

Es gibt verschiedene Tarantella, die in der Gruppe, im Paar oder auch alleine getanzt werden. Zum Beispiel Tarantella calabrese, Tarantella pugliese und Tarantella abruzzese Da die Tänze aber alle sehr schnell getanzt werden, finde ich ist nur die Tammuriata nera für Kinder geeignet. Bei diesem Tanz wird mit einem Taburin getanzt.

Türkei - Halay

Halay ist ein traditioneller Volkstanz. Dieser Tanz wird oft an Hochzeiten, Beschneidungsfesten, Verlobungen und Henna-Abenden getanzt.

Beim Halay wird nebeneinander in der Reihe getanzt.

Dabei haken sich die Tänzer und Tänzerinnen mit ihren kleinen Finger ein. Die Arme werden nach vorn geschwungen und die Schultern wippen mit. Am Anfang der Reihe führt eine Person an. Diese Person trägt ein weißes oder rotes Tuch. Sie kann das Tempo und den Tanzstil bestimmen. Daher kann dies mit Kindern getanzt werden. So können sie ihr eigenes Tempo tanzen.

Schlusswort

Durch die Facharbeit habe ich erfahren, wie wichtig doch Tanzen für die kindliche Entwicklung ist. Es werden sehr viele Fähigkeiten und Fertigkeiten bei den Kindern gefördert.

Beim Kindertanz können Kinder auf eine eigene Entdeckungsreise gehen.

Ein Kind kann ganzheitlich gefördert werden, wie es sich bewegt, seinen Körper kennen lernt, dabei Spaß hat und gleichzeitig mit anderen Kindern in Kontakt kommt.

Sie lernen Grenzen kennen und können so Selbstsicherheit aufbauen.

Wenn Kinder ausreichend Bewegung haben, können sie auch zur Ruhe kommen und sich konzentrieren.

Dies sind alles Punkte, die für eine gesunde Entwicklung eines Kindes wichtig sind und ihm helfen ein selbstbewusster Erwachsener zu werden.

Als Leiterin habe ich eine Vorbildfunktion. Ich sollte die Fähigkeit haben die Kinder zu motivieren. Zum Tanzen gehört Freude an der Bewegung.

Durch das Befassen mit dem Thema wurde mir bewusster wir ich die Kinder besser unterstützen kann und worauf ich achten sollte.

Literatur- und Quellenverzeichnis

Bergmann, Brigitte (2006): Lernen durch Tanzen. Weinheim: Beltz Verlag, 2. Aufl.

Braun, Daniela (2000): Mit Kindern tanzen und springen. Breisgau: Herder Verlag

Deutscher Bundesverband Tanz (1988): Tanzen. 6.Aufl.

Deutscher Turnerbund (2012): Grundlagenbuch Ausbildung 1. Lizenzstufe. Frankfurt am Main, 6. Aufl.

Gaß-Tutt, Anneliese (1989): Fröhliches Tanzen im Kindergarten. Breisgau: Herder Verlag

Haselbach, Barbara (1978): Tanzerziehung - Grundlagen für Modelle für Kindergarten, Vor- und Grundschule. Stuttgart: Ernst Klett Verlag, 3. Aufl.

Haselbach, Barabara (1989): Improvisation, Tanz, Bewegung. Stuttgart: Ernst Klett Verlag, 5. Aufl.

Jugendrecht München: Deutscher Taschenbuch Verlag 2011, 32. Aufl.

Landessportbund Nordrhein-Westfalen (2001): Praxismappe - Tanzen. Duisburg: Basis Druck, 3. Aufl.

Maruhn, Heinz (1988): Wie fang ich´s an? Fidula-Verlag, 2. Aufl.

Mettler, Barbara (1984): Tanz als Lebenselement . Zürich: Verlag Musikhaus Pan AG

Ministerium für Kultus, Jugend und Sport Baden Württemberg (2012) : Orientierungsplan. Berlin: Cornelsen Verlag, 5. Aufl.

Van Doorn-Last, Femke (1985): Volkstanz lehren und lernen. Wolfenbüttel: Georg Kallmeyer Verlag

http://www.diplomarbeiten24.de/vorschau/157212.html, zuletzt aufgerufen am 18.03.2015

http://www.enzyklo.de/Begriff/Tanz, zuletzt aufgerufen am 18.03.2015

http://www.fachzeitungen.de/ebook-der-altersgerechte-einstieg-die-welt-des-tanzes-im-und-grundschulalter, zuletzt aufgerufen am 06.03.2015

http://www.grin.com/de/e-book/128766/gegenstand-tanz, zuletzt aufgerufen am 06.03.2015

http://www.jstor.org/discover/10.2307/848996?sid=21105397291631&uid=70&uid=37 37864&uid=4&uid=2129&uid=2, zuletzt aufgerufen am 24.02.2015

http://www.kultusportal-bw.de/KINDERGAERTEN-BW,Lde/Startseite/Orientierungsplan/Sinn_+Werte+und+Religion, zuletzt aufgerufen am 24.03.2015

https://mein.sanofi.de/Themen/Mensch-und-Gesundheit/Bewegung/Bewegung-Tanz-und-Religion, zuletzt aufgerufen am 06.03.2015

http://www.muenster.de/~hoermann/DemoFP1/Systematik.htm, zuletzt aufgerufen am 18.03.2015

http://www.studienseminar-paderborn.de/plaintext/downloads/trillingexpress.pdf, zuletzt aufgerufen am 26.02.2015

http://de.wikipedia.org/wiki/Gruppentanz, zuletzt aufgerufen am 06.03.2015

http://de.wikipedia.org/wiki/Kindertanz, zuletzt aufgerufen am 18.03.2015

http://de.wikipedia.org/wiki/Paartanz, zuletzt aufgerufen am 06.03.2015

http://de.wikipedia.org/wiki/Tanz, zuletzt aufgerufen am 06.03.2015